Eui-Hong Chung

시인 정의홍

천국아파트

정의홍 시집

천국아파트

Poetics 시학

■ 시인의 말

세상 모든 것 속에
시詩는 숨어 있다

하늘에 땅에 바다에
깜박거리는 별들의 눈짓과
바람 소리와 빗방울 속에
이름도 없이 피었다가
순간으로 지는 꽃잎과
억겁을 사는 바위 속에
낮은 풀들의 흔들림과
그 아래 엎드린
풀벌레들의 울음 속에
사람들 속에 삶 속에
가난과 고통 속에
기쁨과 간절함 속에
세상 모든 생명과
잊혀져 가는 죽음들 속에
시詩는 꼭꼭 숨어있다

도대체 이 광활한 천지
어느 곳을 헤매어
너를 찾아낼까
오늘도 하루를 태워
해는 붉게 지는데

2013년 3월
징의홍

차 례

제1부 봄밤

제2부 천국아파트

제3부 옛날 집

제4부 등산지팡이

제1부
봄밤

꽃나무에게

꽃나무야
봄바람 살랑거리는 봄날이라고
너무 빨리 꽃 피우려 서두르지 마라
세찬 바람 모질게 견디어 내고
이 땅 위에서 가장 아름다운 꽃을
세상 제일 먼저 피워 내 보리라던
그 작지만 단단한 희망으로
얼어붙은 잿빛 들판 저 너머로부터
긴 겨울의 강을 건너온 네 목숨이라서
천천히 아주 천천히 먼 길을 가듯
조금씩 아주 조금씩만 눈을 뜨거라
피어남의 눈부심은 순간에 머물고
하룻밤 봄비에
네 모든 생애 흙 위에 눕나니
꽃나무야
다른 나무들이 다투어 꽃을 피워 낸다고
너무 빨리 꽃 피우려 서두르지 마라

봄밤

한밤중에 나를
잠에서 불러 깨운 것은

창밖에 서 있는 매화
밤새 꽃잎을 여느라
부산을 떨었기 때문일까

온 우주를 돌면서 밤을 지키느라
별무리들이 켜 놓은
요란한 등불 때문일까

뜰에는 달빛이
눈처럼 차곡차곡
하얗게 내려 쌓이는데

잠 못 이루는 봄바람도
소나무 그림자를
슬쩍 건드려 보는데

집 지키는 삽살개는

매화꽃 피는 줄도 모르고

깊은 단잠 속에 빠졌네

—『시와시학』, 제83권, 2011년 가을호.

꽃씨를 심으며

꽃씨를 심으며
햇살 한 줌
바람 한 점
구름도 한 조각
흙 속에 같이 묻고
그 위에 내 마음 철철
넘치게 부어 놓는다

바위

억 겁의 침묵 속에
억겁의 침묵을 숨겼다
얼마나 많은 계절과 눈바람이
얼마나 많은 달빛과 별들이
네 속에 들어가 박혔나
네 기억의 깊은 바닥에는
어슬렁거리던 공룡들과
땅에서 솟던 불기둥도
화석처럼 새겨져 있을 것이다
흘러온 겁劫의 시간도
네 앞에선 잠시의
머무름일 뿐인데
오늘 봄바람 불어 네 곁에
여린 꽃 한 송이 피어났구나
아득한 날 저편
그 얼마만의 만남이던가

—『시와시학』, 제83권, 2011년 가을호.

달빛

어제 내린 달빛
골짜기 물에 씻겨
산 아래로 흘러갔더라

억만년 전에도
오늘 밤에도
억만 줄기 달빛마다
같은 숨결 하나 없더라

오늘 내린 달빛
골짜기 물에 씻겨
벌써 산 아래로 흘러갔더라

산복숭아

산복숭아 한 그루
인적 드문 산길에 서서
가는 봄날을 잡으려고
꽃분홍은 한참
제멋대로 휘었네

외로운 산길 위에
점점이 꽃잎 흩어진 날
아무도 없는 산속이 싫어
산복사꽃 봄날 좇아
서둘러 길 따라나섰구나

—『시와정신』, 제40권, 2012년 여름호.

여름 마당

그늘이든 햇빛받이든
도처에 셀 수도 없는
풀들의 전쟁이다
우리 집 삽살개까지 끼어들어
마당 한구석 제 땅 빼앗길세라
열심히 오줌을 찔끔거리며 다니는데
손톱만큼의 땅을 차지하고선
모두들 이를 앙물고 섰다
하느님은 하늘에 별만
무수하게 뿌려 놓으신 게 아니다
땅에도 이토록 많은 풀씨를 뿌리시고
뿌리 내려 번성하라 하셨으니
모두들 억척스레 제 영토를 지키려고
순간으로 깨어 목숨 걸고
처절한 싸움을 치르고 있다

그 누가

설악산 높은 봉
외진 바위 한구석
손가락 깊이만큼
고여 있는 물속을
가만히 들여다보니
무엇인가 꾸물꾸물
살아서 움직인다
빗물이 하늘에서 가져온 알들을
바위가 품어 부화시킨 것인가
인적도 없이 산바람만 지나는
산꼭대기 움푹 진 바위
고인 빗물 속에다
그 누가 생명을
가져다 놓았을까

강

달밤을 느리게 건너
갈대숲을 적실 때까지
강은 속으로만 흘렀네
휘돌아 흐르는 세월
어디쯤의 모퉁이에서
빛나는 모래톱을 만나
잠시 머물다 갈 수 있다면
강 마을 지나는 바람에
짧은 한숨을 섞기도 하며
긴 염원을 올린 적도 있었지만
어느 이슬로 시작된 것인지
어느 구름으로 가는 것인지
염원의 시원始原조차
흔적도 없이 씻겨 내리고
때론 홀로 쓸쓸히 가라앉고 싶던 날도
흘러감의 숙명을 껴안고
큰 간절함으로 흐르기만 했네
미루나무 그림자 길게 자란 강둑에

저녁놀이 내려와 앉기 전
그 어느 한 순간이라도
빛나는 모래톱을 잠시 붙들고
하얀 햇살 쏟아지는 강 언덕을
가만히 돌아서 안아 보고 싶다고
강은 속으로 흐르기만 했네

한 줌 흙

우리 집 옆
오르막 골목 계단 끝에
바람 불어 흙 한 줌 쌓이더니
어느 날 푸른 싹이 돋아
하루하루 날로 키를 더한다
내 무지로 하여 네 이름은
이름 모를 잡풀인데
며칠 못 본 사이
눈에 띌 듯 말 듯
노란 꽃까지 피웠구나

하늘에서 날아온 것일까
땅에서 솟아오른 것일까
콘크리트 갈라진 틈이건
도심의 보도블록 사이건
흙이 코를 내밀고 숨 쉬는 어디에서든
생명들은 쑥쑥 고개를 쳐드는데
물 한 방울 없는 시멘트 계단 위

놀라워라

한 줌 흙이 만들어 놓은 기적

그루지야 풍경

양 떼가 줄지어 길을 건너고
나귀에 실린 짐들은 위태롭게 흔들리고
신작로 길 따라 수박은 쌓여 있는데
머리통보다 큰 수박 한 개 값은 1라리*
저 많은 수박 더미 언제 다 팔려나
늦여름 오후처럼 농부는 늘어졌고
동네 개들도 그늘을 찾아 나른히 누워
멀뚱하게 낯선 이방인 쳐다보는데
오십 년 나이 먹어 낡은 자동차가
덜덜거리며 흙먼지를 풍기며
오래된 흑백영화처럼 시골길을 걸어가고
길옆 이름 모를 동네 벼룩시장에 나온
하얗게 쪼그라든 할머니가 펼쳐 놓은
가난한 좌판 위에 숨죽이고 숨어 있던
할머니의 어머니가 끼었다는 옛날 옥반지
10라리에 팔려 먼 길 떠나가는데
어둑해지는 들길을 소들이 느릿느릿 집으로 돌아오고
하룻밤 묵어가는 촌집 마당 위에

아무 일 없다는 듯 달은 떠오르고
그 집 떠나올 때 무화과 하나 쥐어 주던 할머니
깊은 주름 속 얼굴 웃고 있어도, 나는 보네
어찌하지 못하는 원초의 쓸쓸함
차가 멀어져 보이지 않을 때까지 손을 흔들고
아직도 손을 흔들고
먼 동쪽 나라에서 온 세상 처음 만난 객에게
세상 마지막 인사를 나누는 듯하고
촌마을 집집마다 묻어 놓은 흙 항아리 속에서는
만나고 떠나가는 한 세월이 삭아
오늘도 포도주는 붉게 익는데
아득한 평원 끝까지 길게 누운 포도밭 너머
코카서스 산맥은 구름 위를 달리고
산맥 가운데 불끈 솟은 카즈베크 산 위로
하늘은 여전히 푸르게 빛나고

—『미네르바』, 제45권, 2012년 봄호.

---

* 그루지야 화폐단위. 1라리Lari는 약 700원 정도 됨.

황사

네 조상은
까마득히 먼 옛날
히말라야에서 굴러 온
큰 바위였을 것이다
네 아비와 형제들
강물이 넘치고 마르는 동안
넓은 세상으로 모두 떠나갔지만
대륙 한가운데
사막 아래에 숨어 살던 네가
오늘 무슨 연유로
돌연 바람을 일으켜
바다를 건너 산맥을 넘어
애타게 날 찾아 왔는가
무슨 기이한 인연으로
내 눈 속에 숨어들어
붉은 꽃을 피워 냈는가

늙은 정원사

보기 좋게 살 오른 곧은 솔가지를
한 톱에 가차 없이 베어 버린다
이렇게 실하고 좋은 가지를 왜 자르나요
소나무는 가지의 곡曲을 보는 것이지요
가지 사이로 하늘이 여백으로 남아
솔잎을 감아 도는 바람 길이 나서
눈비로 굽어진 세월을 보는 것이지요
때론 초승달도 그 위에 걸리겠지요

—『시와시학』, 제83권, 2011년 가을호.

아토

아토는 착하고 순한 말이었네
승마장에 오는 사람들은
어른 아이 할 것 없이 모두
아버지의 등처럼 넓고 든든한
아토 등에 올라탔네
아토는 아침부터 저녁까지
날마다 사람들을 태웠네
처음으로 등에 안장을 얹고
입에 재갈을 물었던 시절에는
오늘은 누구를 태울까 설렌 적도 있었지만
그런 가슴은 이미 시든 지 오래였네
세월은 바람처럼 불어 가서
마구간과 마장 사이로 빠져나갔네
탄탄하게 힘줄이 섰던 다리가
잠시 쉬고 싶다고 삐끗대기도 했지만
습관처럼 찾아온 아침에 마구간을 나서면
하루는 또 그렇게 모든 것을 잊게 했네
비가 오나 눈이 오나 아토는

앞만 보았네, 열심히 사람들을 태웠네
열 바퀴 스무 바퀴 마장을 돌면서
끝없는 사막을 건너 순례의 길을 가듯
내딛는 걸음마다 인忍을 새겼네
언젠가는 푸른 초원을 가로질러
흰 구름 걸린 지평선까지 달리고 싶었지만
끄먹끄먹 큰 눈 뒤에 슬픔 감추어 두고
아토는 잠시도 쉴 수가 없었네
아토는 이제 병들고 늙은 말이었네

—『서정시학』, 제55권, 2012년 가을호.

제2부

천국아파트

북한산 바위

북한산 오르는 길에
이제는 반들반들해진 바위 하나
산을 오르는 모든 이의 거친 숨을
으샤! 발바닥을 받치며
단단한 디딤이 되었지만
그 누구도 기억 못한다. 그곳에
그의 발 딛게 한 바위 있었다는 걸

북한산 등산로
오랜 세월 밟히느라
모 닳은 너럭바위
사람들에게 제 등을 내주어
험한 산을 넘게 한 게
자신인 줄도 모르고, 저는
그냥 얼굴 없는 돌인 줄 안다

장마

장맛비 굵게 내리는
오리백숙집 마당
손님들이 세워 놓은 승용차들 틈에
어색하게 트럭 하나 삐죽 서 있다
방금 점심을 마친 젊은 부부와 아이 둘
좁은 트럭 앞 칸에 모두 오른다
긴 장마에 일거리 떨어진 아빠가
빗속에 일 못 가는 대신
아이들을 모두 싣고
모처럼 외식하러 나왔을 것이다
아이들은 손가락을 쭉쭉 빨며
맛있게 오리고기를 물었을 것이고
엄마는 열심히 살을 발랐을 것이다.
한번씩 큰 살점은 아이들 모르게
슬쩍 아빠 앞에 놓았을 것이다
잠시 동안 아빠는 살아갈 걱정 대신
세찬 빗줄기 속 쑥쑥 솟아오르는
푸른 죽순 같은 아이들을 보고

고기를 먹지 않아도 배불렀을 것이다
긴 장마 뒤에 숨어 있는
쨍쨍한 햇살을 보았을 것이다

구멍 난 수술복

수술복을 입으려다 구멍이 났기에
무심코 버리려다
슬몃 마음이 아려왔네

인연이 닿아 나와 더불어 여러 해 동안
'내 죄를 보지 마시고 환자와
그 가족들의 기도를 들으시어
수술이 무사히 끝날 수 있도록' 기원드렸던

수술 후 세상 환해졌다고
좋아하시던 분들을 보던 작은 기쁨보다
더러는 여전히 침침하시다는 불편함을
덜어주지 못한 안타까움으로

내가 흘린 땀에 젖고
긴장의 순간들을 덮었으며
알코올과 소독액을 대신 몸에 묻혀
스스로 더럽혀지고 씻기기를 여러 해

이제는 쉴 때가 된
구멍 난 수술복을 마지막으로 입은 오늘
'제 허물 때문에 수술이 잘못되지 않게 하시고
환자와 그 가족들의 간절함을 읽으시어
마지막까지 수술이 잘될 수 있기를' 기도하는

구멍 난 수술복의
낮은 목소리에 새삼
숙연해 본다

당신께서는

어디에 계시는 것입니까
새벽 기도를 바치기 위해
밝혀 놓은 촛불
그 작은 흔들림 안에 계십니까
기도하는 어린아이의 꼭 감은 두 눈
그 가느다란 눈썹 끝에 앉아 계십니까
장독대 뒤에 몰래 피었던
노란 민들레가 남긴 홀씨 안에 숨어
여기저기 날아다니시는 것입니까
아니면 북한산 거대한 바위 봉우리
그 꼭대기 위에 서 계시는 것입니까
산 위로 터져 오르는 햇살의
광활한 눈부심으로 계시는 것입니까
혹은 붉은 바다 밑으로 잠기는 일몰
그 처연한 장엄함으로 계시는 것입니까
이른 봄 얼어붙은 대지를 뚫고 나오는 여린 새싹부터
늦은 가을 땅에 떨어져 밟히는 젖은 낙엽까지
당신의 손길 닿지 않은 곳 없으니

오늘 밤하늘에 총총히 박혀 있는
저 별들의 헤지 못할 반짝거림은
우둔한 제가 알아듣지 못하는
당신의 귀한 말씀은 아닌지요
제 속에서 끓어오르던 눈물
그 눈물방울이 남긴 얼룩
당신께서는 바로
그 안에 계시는 것입니까

바위에 핀 진달래

— 봉쇄수도원에서

큰 바위 갈라진 틈에
진달래가 피었다
온 산 여기저기 다 놓아 두고
흙 한 줌 물 한 방울 없는 곳에
마음의 날 퍼렇게 세워 놓고
스스로를 한평생
고난 속에 가두었다
오직 님만을 바라는
묵언의 기도를 키우기 위해
큰 바위 갈라진 틈에
기어이 뿌리를 내렸다

치자꽃

치자꽃을 보신 적이 있으신지요
그 순백의 꽃잎에
눈은 저절로 감기고
아찔한 향기 때문에
숨이 멎을 수도 있지요

햇살과 물과 양분이
눈곱만큼 더 많아도 시들고
눈곱만큼 더 적어도 고개 떨구는
온 마음을 받쳐 안고
숨죽여 꽃잎을 열어야 하는

치자꽃을 피워 보신 적이 있으신지요
사랑은 그 순백의 꽃과 향이
노랗게 시들지 않게 하려는
치자꽃 한 송이를
피워 내는 일입니다

기도

— 미움과 용서를 위한

아침마다
삽살개 긴 털을 빗긴다
매일 솎아 내도
털은 엉키고
또 다시 엉킨다
천둥이 치고 비라도 온 날이면
더더욱 엉망이 된다
어디부터 빗질을 해야 할지
빗질 그만두고픈 마음 굴뚝같이 솟아도
습관처럼 다시 빗을 집어 들어 본다
때론 마음을 다잡고
헝클어진 모든 곳을
마지막 한 올까지 펴 보리라 다짐도 해 보지만
아무리 빗질을 해도
가느다란 잔털들은 더욱 열심히 뭉쳐
내 빗질에 격렬히 대항한다
아침마다

삽살개 긴 털을 빗긴다
빗질해 놓은 겉모습 단정해 보여도
보이지 않는 속 여기저기
엉겨 붙은 잔털투성이 고집을 부린다
절대로 펴지지 않을 것처럼

—『서정시학』, 제55권, 2012년 가을호.

저물녘

세월이 허리에 걸려
구부정하게 등 굽은 할머니
키보다 더 큰 폐지 묶음을 끌고
건널목을 건너는데
빨간 신호로 바뀐 지 오래건만
아직 반도 못 건넜다
위태위태하다

일 킬로에 백사십 원
십 킬로에 천사백 원
시장 안 강화식당 된장백반은 오천 원
저녁밥값은 벌었는지
커다란 폐지 묶음에 끌려가는 할머니
오늘 하루 해 떨어지는 것이
아슬아슬하다

—『문학과 의학』, 제4권, 2012년 봄호.

산동네 사람들 · 1

산동네에 사시는
허리가 반으로 접힌 구십 할머니
어렵게 눈 수술을 해드렸는데
함께 오신 보호자 할아버지
눈이 어떠신가 검사해 보니
녹내장에 백내장에
할머니 눈보다 훨씬 나빠서
세상으로 열린 창이
거의 닫힐 지경이다
좀 보이시느냐고 물었더니
나는 아직 잘 봅니더
우리 할멈 수술 잘해서 꼭 좀 보게 해 주이소
할머니 손을 꼬옥 잡고 나가시는데
할머니가 넘어지실까 손잡으신 건지
당신이 넘어지실까 꼬옥 잡으신 건지
산동네에 핀 사랑 꽃은
세월 가도 시들지 않네

— 『미네르바』, 제45권, 2012년 봄호.

산동네 사람들 · 2

할아버지는 언제나
할머니의 휠체어를 잡고
할머니가 가자는 대로
휠체어 밀며 병원에 오신다

할머니는 앞 못 보시는
할아버지의 눈이고
할아버지는 걷지 못하시는
할머니의 발이다

이 세상에 늦게 남는 이가
보지 못하는 발이 될까
걷지 못하는 눈이 될까
서로를 두고 먼저 떠날 수가 없단다

지나온 육십 년 세월처럼
두 분이 함께하는 곳이면
휘적휘적 세상 어느 구석인들

못 갈 데가 어디 있을까
못 볼 것이 무어 있을까

—『문학과 의학』, 제4권, 2012년 봄호.

소

내 비록
코에 코뚜레가 꿰이고
등에 멍에를 메고
워낭을 목에 달고
고삐에 묶여
아침부터 저녁까지
종일 일만 한다 해도
하루 일 모두 마친 후
주인이 끓여 주는 여물
감사히 달게 먹겠네
좁은 외양간에 누웠어도
밤하늘 여기저기
깜박깜박 등이 켜지듯
내가 흘린 땀방울 위에
작은 소원 하나씩 달아 놓겠네
평생을 하루같이
무거운 짐 진다 해도
돌아갈 곳 모르고

들판을 서성이는
고삐 없는 소가
되지는 않으려네

네크레시 수도원* 벽의 돌

천지 사방에 굴러다니던 내가
언덕 위 수도원의 벽이 되어
세월을 견디며 살아온 것은
천칠백 년 전부터의 일이었습니다
화려한 벽화로 분칠했던 내 얼굴
비바람이 한 겹씩 지워 가는 동안
수없이 많은 수도자들은
새벽부터 한밤까지
목숨 스러져 사라질 때까지
흘러내린 촛농보다 더 겹겹이 마음을 태워
불 밝혀 기도를 쌓아 올렸습니다
한철 들꽃처럼 피었다가 사라져도
어딘가로부터 날아온 이름 모를 꽃씨들이
아름다운 꽃을 피우고 다시 피워 내듯
한 순간의 촛불조차 꺼트리지 않고
제단 위의 기도는 이어졌지만
무엇을 향한 기원이었는지
누구를 위한 고행이었는지

나는 아직도 알지 못합니다
천칠백 년 내내 수도원 지붕 위로는
별들이 끝도 없이 쏟아져 내렸지만
그 긴 세월 동안 쌓인 기도가
작은 수도원 하나 다 채우질 못해
기도처 옆 지하 석굴에는
가지런히 백골로 남은 그들이
지금도 누운 채 기도를 쌓고 있습니다

—『시와정신』, 제40권, 2012년 여름호.

---

* 그루지야Georgia의 크바렐리Kvareli에 있는 네크레시 수도원Nekresi monastery.

보스톤 재킷

보스톤에서 만났지
백화점 파이널 세일
쌓인 옷 무더기 속에서
날 만나기 위해
끝까지 기다려 준
네가 무척 고마웠지
굵은 모직 체크무늬
넉넉한 부자 노인처럼 보였지
미국에서 한국으로
먼 바닷길 건너와
여러 번 이사로 떠돌 적에도
내 집 옷장 한가운데에서
십수 년도 넘게 제자리를 지키며
찬바람 불 적마다
내 어깨를 감싸 안았지
세월이 가면 서로 닮는다고
먼 훗날 늙어가서 무엇이 될까
나도 누군가의 시린 어깨 감쌀 수 있는

마음 넉넉한 부자 노인이 되었으면
굵은 모직 체크무늬
두툼한 보스톤 재킷이 되었으면

천국아파트

예수님 말씀을 굳이 빌리지 않더라도
나는 분명히 말할 수 있다
우리가 죽어 천국에 갔을 때
천국에 있는 아파트에서
가장 넓고 전망 좋은 로열층에는
이 땅에서 병들고 가난했으나
그 누구도 원망 않고
착하고 아름답게 살았던 분들이 살게 될 것이라고

예수님 말씀을 굳이 빌리지 않더라도
나는 분명히 말할 수 있다
이웃에 화내고 속이고 상처를 주거나
대충대충 보통의 속된 삶을 살았다 해도
이 땅에서의 나날이 너무 고통스러웠다면
각자의 죄에 따른 얼마간의 방세는 내겠지만
그들 역시 천국아파트에 입주할 수 있을 것이라고

춥거나 덥거나 일 년 삼백육십오일

힘들고 거친 일 허리 휘어질 때까지 일해도
먹고사는 일조차 만만치 않은 분들에게
조금 더 배웠다고 선생님 소리 들으며
조금 더 배부르고 더 편히 산다는 게
때로는 민망하기도 송구스럽기도 하다
내가 죽어 행여 바늘귀를 통과하여
천국 근처를 얼씬거리게 된다면
천국아파트 지하층에 들어갈 자격은 있는 것일까
한 줄 햇살이 호사스러운 지하층에

퇴근길 단상

하루 일을 마친 석양이
도시의 건물 사이로 지친 몸을 누이면
집으로 돌아가는 노동자들처럼
차들은 고가도로 위에
저녁나절 긴 그림자로 줄을 서는데
언젠가부터 젊은 부부가
작은 트럭을 길옆에 세우고
호두과자 생수 커피라고 쓴
간이 간판을 차 밖에 내다 놓고
차들의 행렬 중 누군가가
차창을 내리고 그들을 향해 손짓하기를
고도를 기다리듯 기다리고*
또 기다리고 있다
해 질 녘 혼탁한 도심의 한가운데에서
기다리고 또 기다리는 것이
그들의 삶을 잇는 희망의 끈인지
그들의 삶을 사위게 하는 절망의 끈인지
나는 궁금하다

밤하늘의 별보다 더 많은
저 아파트 숲의 불빛들 속에
그들이 쉴 곳은 어디에 있는지
아기는 있을까
엄마 아빠 없는 빈집은 누가 지키나
호두과자는 몇 봉지나 팔았을까
아직 앳되고 고운 색시가
혹 아는 사람을 만나 부끄러워하지는 않을까
아직 나는 생수 하나 팔아준 적 없지만
호두과자를 사 먹는 사람이 많아서
그들이 많은 돈을 벌었으면 좋겠다
낡은 트럭을 새것으로 바꾸고
이 저녁 길바닥에 나와 찬바람을 맞는 대신
따뜻한 저녁 식탁에 둘러앉을 수 있었으면 좋겠다
도심의 석양이 아직 잠들기 전에
저녁 그림자보다 더 길게 늘어선 차들이
모두 다 집으로 돌아가기 전에
그들의 기다림과 기다림 앞으로

그 기다림과 소원을 가득 실은 차가 와서
그들 앞에 멈추어 섰으면 좋겠다

—『시와시학』, 제45권, 2011년 가을호.

* 사무엘 베케트의 희곡 「고도를 기다리며」.

제3부

옛날 집

약국 댁 장손

할아버지가 독자라서
아버지도 독자라서
약국 댁 장손은
손 귀한 집 장손이었네
할아버지는 하루에 열두 번
안채에 들어오셔서
확대경으로 여기저기
들여다보시고 또 들여다보셨네
행여 머리가 비뚤어질까 봐
반듯이 눕히고 또 눕혔네
약국 댁 장손 뒷머리가
빨래판처럼 납작해진 것은
할아버지 지극정성 때문이라 했네
약국 댁 귀한 장손이라
약할세라 아플세라
호골虎骨도 삶아 먹이고
산삼도 구해 먹였다지만
온 동네 감기는 혼자 달고 자랐네

식구가 모두 둘러앉아 밥을 먹을 때면
장손은 고기반찬 올라간 할아버지 상에
언제나 따로 겸상을 받았네
때때로 약방에 온 손님들 앞에 불려 가
할아버지한테 배운 한문 실력을 뽐낼 때면
그놈 이다음에 큰사람 되겠다
손님들의 지나가는 소리에 근엄하신 할아버지도
벌어지는 입 다물지 못하셨네
그놈 어려선 공부도 곧잘 해서
한때 부모님과 할아버지 기쁘게도 해 드렸지만
서울에 올라가 고등학교와 대학 다닐 때
되지도 않는 시도 못 쓰면서 공부는 뒷전에 놔두고
알지도 못하는 문학이니 사랑이니 허송세월만 보냈네
세월이 흘러 할아버지도 아버지도 세상 떠나가신 후
할아버지를 닮아 심지가 곧고
서슬 퍼런 대쪽 혼을 닮지도 못하고
일제시대 가마니 지고 달리기 조선 대표 선수였다는
아버지처럼 장대한 기골이 된 것도 아니고

약국 댁 장손은 그저 소심한 샌님일 뿐이었네
할아버지 아버지처럼 한의사가 되지 못하여
오랜 세월 고향 집 떠나
여기저기 정처 없이 떠돌아다닐 적에
사람들은 약국 댁 장손에게 말하곤 했네
자네도 한의사를 했음 좋았을걸
할아버지 진맥은 용하다고 소문났었지
아버지 약은 두 첩만 먹으면 병이 다 달아났지

강릉 가는 기차

기차는 밤 10시에 청량리를 떠나서
처음에 두런두런하던 사람들이 반쯤 잠이 들 때
어둠 속에서 행여 길을 잃을까 눈을 부릅뜨고
허연 입김을 더욱 가쁘게 내뿜기 시작한다
어느 기억에도 없는 간이역에서 잠시 숨을 고르는 사이
아이들이 우르르 삶은 옥수수를 들고 차창가로 뛰어
온다
그 아이들이 이 한밤중에 왜 옥수수를 팔아야 하는지
나는 오락가락 졸린 눈을 비비며 그 이유를 찾았지만
그건 그 낯선 역에 내려 본 사람만이 찾아낼 비밀이
었다
삶은 달걀과 도시락을 외치는 이가 몇 번 더 지나가도
아버지는 꿈쩍도 안 하시고, 사실 배가 고프지는 않
았지만
옆에서 누군가 그걸 사 먹고 있으면
갑자기 진짜 배가 고파지는
그래서 얼마 전 아내와 함께 강릉 가는 기차를 타면서
반드시 삶은 달걀과 도시락을 사 먹으리라 작정했는데

기차가 철길 위를 수십 년 달려가는 동안
그때의 달걀과 도시락이
지금껏 온전히 날 기다려 줄 리는 만무했다
태백쯤이던가 앞으로 가던 기차가 갑자기 뒤로 가고
통리 굴에 들어가선 아무리 달려도 끝이 나오지 않는다
아버지는 말씀하셨다
기차가 높은 산을 넘으려면 때로는 뒤로 가기도 하고
뱀처럼 꾸불꾸불 산을 돌아 굴속을 기어오르는 것이
라고
이제 생각하니 그건 기차뿐만이 아니었다
우리네 삶이 거친 파도를 넘으려면
때로는 물살에 휩쓸려 뒤로 갈 수도 있고
곧바로 못 가면 꾸불꾸불 돌아서 가는 것이라고
그리하여 터널에는 반드시 끝이 나오게 마련이고
그렇게 밤새도록 달리다 보면
언젠가는 새벽 바다를 가르고
고래처럼 수면 위로 솟아오르는
붉은 해를 보게 되는 것이라고 강릉 가는 기차는

어린 소년이던 내게 일러 주었던 것이다
기차는 밤 10시에 청량리를 떠나서
모두들 잠든 한밤중의 어둠 속을
행여 길을 잃을까 더욱 눈을 부릅뜨는데
기적이 울릴 적마다 철길 위로 세월은 쌓여 가도
그 길 위에 기차가 멈추어서는 일 결코 없으리라

찰리

산동네 공터에
나팔꽃 금잔화 쑥부쟁이 산국화
어느 누가 돌보지 않았어도
저 혼자 싹을 틔워
저 혼자 피어났다

찰리가 공터에서
껑충 뛰어놀더니
삽살개 긴 털 속에
꽃씨들이 꼭꼭
몰래 숨는다

찰리, 사내 녀석이
내년에는 온몸에
꽃단장하게 생겼다
머리에는 금잔화 꽂고
앞다리에는 나팔꽃 붙이고

— 『님』, 제11권, 2011년 상반기호.

엄마의 장롱

엄마 시집오실 때
해 오셨다는 오래된 장롱
어릴 적에는
방 안 가득 너무 커서
온 식구 이불 다 개 넣고도
그 속에 들어가 숨기도 했었네

엄마 시집오실 때
해 오셨다는 괴목으로 만든 장롱
집 떠나온 후 고향집 골방에서
하얗게 먼지를 뒤집어쓰고
까맣게 세월 뒤로 묻혀져 갔네

여기저기 부서지고
손잡이도 떨어져 나간 장롱
정형수술로 뼈 다시 맞추고
성형수술로 새 단장시켰더니
시집올 때 엄마처럼 새색시가 되었지만

엄마 시집오실 때
해 오셨다는 오래된 장롱
내 딸자식 시집보낼 이즈음은
방 안 한구석 채우기에도 너무 작아서
이불 한두 채만 개 넣어도
그 속에 들어가 숨을 곳도 없네

—『시와시학』, 제83권, 2011년 가을호.

옛날 집

내가 나서 자란 옛날 집에 가 보았네
공을 차고 놀던 집 앞 큰길은
차 한 대 지나가기도 힘든 골목이었네
할아버지가 옥계에서 강릉읍으로 나오셔서
사슴뿔처럼 베어도 또 자라나고
샘물처럼 아무리 마셔도 새 물이 솟는다는
큰 부자 된다는 터에 자리를 잡으시고
한약방을 처음으로 여셨던 집이었네
옛날 집은 옛날집 간판을 달고 음식점이 되어 있었네
꽤나 유명한 집이라고 하네
부자 된다는 터여서 그런지 사람들로 북적이었네
할아버지 진맥하시던 방
아프신 엄마 늘 누워 계시던 방
내가 공부하던 방
방마다 사연 모르는 사람들은 먹기에만 바빴네
작은 마당을 가득 채웠던
앵두나무, 배나무, 포도나무 흔적도 없고
수국, 채송화, 참나리, 봉숭아

장대로 높게 받쳐 놓았던 빨랫줄까지
시멘트 블록으로 모두 덮여 버렸어도
사람들은 상관도 않고 먹기에만 바빴네
내 기억 너머로 만발한 꽃들 때문에
가슴 속이 무너질 듯 썰물로 차올라도
모두들 아무 일 없다는 듯 먹기에만 바빴네
꽤나 유명하다는 옛날집에
오늘도 사람들은 북적대겠지만
내겐 텅 빈 옛집처럼 너무 적막해 보여
다시는 옛날 집에 가 보지 않으려네
옛날 집은 옛날 속으로 잠기고 있었네

중앙시장

해미상회 이 씨는
아침부터 영희네 양품
영희네에게 수작을 건다
점포 앞에 나와 앉아
옆 가게와 떠들다 보면
세월은 하루해처럼 속절없이 잘도 가는데
좁은 시장길 이곳저곳 오가는 사람 많아도
가게에 들어온 손님들은 사지도 않을 물건
손으로 눈으로 만져 보기만 한다
쌀가게 앞 노점에서 고추, 호박 몇 개 펼쳐 놓고
박월리 할머니는 오늘 용돈 벌이는 했는지
삐걱거리는 노인과 닮은꼴 자전거가 발맞추어 지나가는
생선 가게 앞에서 주문진 할머니는
사십 년을 쭈그리고 앉아 생선을 다듬고 있다
허리 한번 쭉 펴고 어디 드러눕고 싶을 때는
좌판대 위에 줄지어 세상 편하게 누워 있는
허연 배 드러낸 생선들이 부럽기도 하다

최 씨네 신발 가게는 진작부터 가게를 접어야겠다고,
그의 말대로라면 벌써 수십 번 문을 닫았을 테지만
삶의 터를 바꾼다는 게 말처럼 어디 쉬운 일이겠는가
만물수리 김 씨는 순대 족발 대구집에서
해는 아직 중천인데 막걸리 한 사발
한 젓가락 안주로 세상을 씹고 있고
사는 게 다 그런 거지
잘난 인생이 뭐 별건가
우주 전파상 라디오가
유행가 한가락 신나게 뽑고 있다

여름 이야기

천둥벌거숭이가 되었어도
부끄러움조차 모르던
우리도 아담처럼
에덴동산에 살았던 적이 있었다
해바라기들이 맨몸을
종일 쳐다보고 있어도
아무렇지도 않게 당당했던 시절
세상은 먹고 놀고 잠자고
또 즐겁게 노는 일뿐이었다
모든 벌레들은 우리의 장난감이거나
함께 놀아 줄 동무가 되었고
세상의 근심 걱정은
아직 하느님이 만드시기 전이었다
아무렇게 뱉어 놓은 과일의 씨앗들이
흙 속에다 몰래 싹을 틔우는 동안
부러진 다리로 절룩거리던 방아깨비
어느 풀숲에 홀로 숨어 상처를 닦았는지
옛날이야기에 깜빡깜빡 졸던 밤들은

어디로 흘러가 새벽 별로 다시 떴는지
벌거벗고도 벗은 지조차 모르던 시절
여름이 다 지도록 우리는 빨갛게 익어 갔고
세상의 근심 걱정은
아직 하느님이 만드시기 전이었다

연애편지

그 시절
마음은 공중에 떠서 붕붕 날아다니고 머릿속이
하루 스물다섯 시간 네 이름으로 채워지다 넘치면
편지를 썼지
길게 쓰는 편지가 아니라
일부러 몇 줄만 쓰면서 이리저리 행을 바꾸어 가며
얼핏 보면 마치 시의 옷을 빌려다 입은 듯한 편지를 썼지
때론 어느 시인의 아득하면 되리라* 시구를 베끼기도 하고
네 이름 석 자로 겉봉 전체를 메우도록
아주 크게 써 놓고 보면
뭔가 엄청난 의미가 담긴 듯 제법 근사한 편지로 보였지
물론 숨은 뜻이 없는 것은 아니었으나
실은 거의 전적으로 편지를 좀 그럴듯하게
폼 나게 보이도록 함으로써
그냥 보통과는 뭔가 다른 색깔로 나를 포장하여
네 눈을 잠깐 멀게 하려는 내 속셈이었지

너처럼 눈부시게 예쁜 애라면
사실 문학이건 철학이건 인생의 가치 같은 건
애당초 상관도 없었기에
그래서 나는 오늘 분명히 선언하는데
연애편지를 쓸 때처럼
그렇게 열정의 갑옷으로 단단히 무장하고
종일토록 오직 한 가지 대상을 찾아 헤맨다면
마침내 너의 큰 눈에
제 눈의 안경을 씌우는데 성공했을 때처럼
무어 이루지 못할 일이 있겠는가
한때 나는 시를 흉내 내어 연애편지를 썼으나
이제는 연애편지 쓰듯 시를 쓰고 싶다
세상 모든 것이 다 꽃으로 피어나고
세상 모든 것이 다 별처럼 반짝거리도록
세상 모든 것에 연애편지를 쓰고 싶다
그렇게 시를 쓰고 싶다

---

* 박재삼, 「아득하면 되리라」.

천구백구십칠 년 여름

아빠는 마흔하나 엄마는 서른아홉
주희는 열넷 용수는 열한 살
노란색 보라색 늦여름 들꽃이 흐드러지던
무스헤드Moosehead 호숫가 캠프그라운드에서

새벽마다 물오리 먼저 일어나
호수가 진홍빛으로 채 물들기도 전
물안개 살며시 벗겨 내리고
호수를 흔들어 잠 깨우곤 했지

우리도 텐트를 접고
이 세상에서 가장 깨끗한 공기로
한껏 가슴 속 씻어 내고 또 채워 담고
물살 위로 떠오르는 아침 햇살만큼
눈부신 아침 식탁 차려 놓곤 했지

한낮이 되어 호수 깊은 곳으로
작은 모터보트 탐험선을 띄웠는데
저편 아득한 곳으로부터 먹구름이 몰려와

한바탕 소나기로 휘몰아친 후
아름다운 무지개 하나 물 위에 걸렸는데
배 위엔 하나 가득 행복을 낚아 담고
용수는 언제까지나 선장이고 싶었지

밤마다 용수는 온 가족 위해 모닥불 피워
용수는 마시멜로 굽고
주희는 소시지 굽고
엄마는 감자 태우고
아빠는 꿈을 굽고 있었는데

머리 위론 수억 개의 별들이
탄성을 지르며 쏟아져 내리고 내리고
우리도 저 별들처럼 그렇게 마주보고
오래오래 함께 빛나고 싶어 했지
저 먼 옛날부터
저 먼 훗날까지

---

* 대학 졸업 후 16년이 지난 1997년 여름에 써서 거실 벽에 붙여 놓은 나의 첫 시.

왜 그랬는지

내 나이 마흔하나 되던 그해
천구백구십칠 년 여름
무스헤드Moosehead 호수*에 휴가를 갔다 온 후
느닷없이 시 한 편을 써서
아이들과 함께 찍은 사진을 붙여
거실 벽에 걸어 놓았다
왜 그랬는지
나 자신도 모르는 뜬금없는 일이었다
대학을 졸업하고도 십수 년을 보내고 나서
학교 문예반에서조차 고작 한두 편
전시회를 위한 억지 습작밖에 없던 내가
꿈에서도 잊고 지냈던 시를 쓴 것은
실로 경이로움을 넘는 일이었다
왜 그랬는지
호수 속에 숨어 있던 시가 내 속에 들어왔는지
그해 여름의 보라색 들꽃들이
내 속에 잠자던 시를 밖으로 꺼냈는지
정말 왜 그랬는지

무스헤드 호수가 수천 번 나를 불러 세우고
총총한 별들이 오래전부터 내게 말을 걸어왔어도
아무 것도 보지도 듣지도 못하였던 시절
그러던 어느 날 예고도 없이
아주 오래전부터의 만남이었듯
어느 날 불현듯 네가 보고 싶어지듯
그렇게 시가 내 속에 들어왔다

---

* 미국 메인Maine 주에 있는 호수.

드림캐처Dream catcher

철사로 만든 동그란 원에
얼기설기 털실을
거미줄처럼 엮어
날아갈 듯 예쁜 깃털
장식해 놓은

머리맡에 매달아 두면
지난밤 왔던 꿈들이
물고기처럼 잡힌다는
꿈잡이 그물
드림캐처

오래전
아들 방에 걸렸던
먼지 쌓인 드림캐처 속에는
램프 속 거인처럼
무슨 꿈들이 갇혀 있을까

긴 세월 잠들었던
빨강 파랑 꿈들을
이제는 하나둘 모두 깨워서
밤하늘 제 고향으로
훨훨 날려 보낸다

225번 도로

콩코드 지나
칼라일 지나
그로톤 가는 길
225번 등에 붙이고
서쪽으로 달리는 길
해 떨어질 적 노을이
눈부시게 아픈 길
늦가을 단풍이
너무 짙게 타는 길
흩날리던 낙엽마저
곱게 쌓여 깔리는 길

방학 끝난 용수
학교 데려다 주던 길
휑한 교정에 내려놓고
혼자 돌아오던 길
용수가 비운 자리
채우기가 어려워

여기저기 남은 흔적
아린 가슴에 점점이
길게 뿌려 놓던 길

---

* 콩코드, 칼라일, 그로톤은 보스톤 근교에 있는 타운들.

삼천오백 원의 행복

행복도 시장에서
사고팔 수 있다면
만 원짜리 행복은
천 원짜리 행복보다
열 배나 더 크고
더 화려할까

토요일마다
함께 일하는
전 선생과 둘이서
병원 앞 작은 국숫집에
점심 먹으러 간다

삼천오백 원 국수의
뜨거운 국물 속엔
고춧가루, 김, 굵게 썬
파도 들어 있지만
눈에 보이지 않아도

오롯한 세상 행복

다 담겨 있다

행복했네

— 어느 겨울날의 일상

오늘이 단지
금요일이란 이유로
행복했네
그 금요일 오후에
수술을 잘 마칠 수 있어서
더욱 행복했네
가난한 통장에서
카드 대금 무사히 빠졌기에
숨 돌리며 행복했네
퇴근길 차 안에 흐르던 음악이
끈적한 쿠바 재즈였기에
어깨 들먹거리며 행복했네
겨울비 치적거리는 저녁이어서
가슴 휑하니 행복했네
친구들과의 맥주 한잔에
꽉 조여진 삶의 나사가 풀려
헐렁해진 마음이 행복했네

황금빛 맥주 거품처럼 부풀었던 미래도
이젠 듬성듬성한 머리카락만큼 초라해졌지만
하루의 소소한 모든 일상 때문에
오늘은 텅 비운 들판같이
그냥 행복했네

제4부

등산지팡이

상상 속 안과

대기실 커다란 창 옆으로
푸른 바다가 넘실거리고
진료실 확대경으로
눈 대신 수평선을 올려다보면
멀리 고깃배 위에
갈매기 한 마리 앉아서 졸고

수술 방 옆에 매화나무 심어
알코올 냄새 대신 매화꽃 향기 피어나면
수술현미경 위로
꿀벌이 붕붕대든가
노랑나비 날아와 앉아
내 수술하는 것을 지켜볼 테지

꽃 세 송이

우리 병원에 핀
꽃 세 송이
큰 꽃 진아는 마음이 예쁘고
중간 지현이는 말하는 게 예쁘고
막내 민지는 하는 짓이 예쁘고

우리 병원에는
햇살 좋은 창가에 내놓지 않아도
아침마다 물을 주지 않아도
시들지 않고 방긋거리는
꽃 세 송이 피어 있다

엄지 머리방

동네 어귀에
아파트 상가에
시장 앞에

송아지 미용실
엄지 머리방
행복한 머리꾼

모두들 길을 향해
입술을 삐죽 내밀었다

얼마나 많은 엄마들
송아지처럼 예뻐졌을까
엄지 공주가 되었을까
행복을 머리에 매달았을까

빨간색 차

빨간색 차를 가진 적이 있다
삶과 죽음에 대한
엉터리 철학으로 충만하였던
젊은 한때는 누구나 그랬던 것처럼
피 같은 삶이 무엇인지도 모르면서
다만 그 붉은색을 열망하였던 기억 때문에
그리하여 첫 차를 가질 무렵
모두의 비웃음을 아랑곳 않고
붉은 장미꽃을 닮은 차를 샀다
대단히 용감한 결정이었고
모두를 놀라게 한 파격이었다
화려하게 치장한 아가씨도 아닌 내가
빨간색 차를 타는 것을 보고
사람들은 아마도 화장기 없는 맨 얼굴에
입술만 붉게 칠해놓은 기이한 모습을 떠올렸거나
등 뒤에서 한참을 수군거렸을 것이다

피 같은 세월이었는지

물 같은 세월이었는지
세월이 내 차를 어두운 잿빛으로 바꾼 지 오래건만
이즈음도 가끔씩 시험 준비를 다 못해서 혹은
수십 년 전 풀었던 미적분 문제에 쫓기다가
한밤중에 꿈에서 깨어나 잠 못 이루는 것은
미지근하게 미루어 놓은 삶의 숙제들이
그림자처럼 내 뒤를 따르기 때문일 것이다
빨간색 차를 탄다고 그 색깔처럼
삶이 끓어오르는 것도 아닐진대
그 무엇이 내 삶을 진하게 칠해 줄까
보이지도 않는 미망을 찾아 헤매고 있는
내 환상의 망망한 끝에는
붉은 장미 한 송이
지금도 힘겹게 매달려 있다

구두

처음엔 나도
번쩍번쩍 우뚝한 코에
먼지 하나 묻히지 않고
화려한 진열대 위에
우아하게 앉아 있었다네

설레던 가슴으로
세상에 첫발을 내딛던 날
이제부터 모든 세상은
내 발아래 밟히리라
무서울 것 없었네

해 바뀌고 언젠가부터
신발장 앞 거울에는
흙 묻은 신발들 틈에 섞여
가죽 헐어 낡고 초라한
낯선 얼굴 하나 보였네

세상으로 나간다는 것은
내 몸이 흙으로 얼룩지고
굽이 닳고 뒤꿈치가 꺾여
번쩍번쩍 우뚝한 코가
여기저기 밟히는 일이란 걸
이제야 겨우 깨닫고 있네

슬픈 다람쥐

권금성 올라가는 길
사람들이 모여 서서
다람쥐에게 먹을 걸 주고 있다
입에 잔뜩 물어
양 볼이 불룩 튀어나왔지만
쉬지 않고 입 속에 집어넣기에 바쁘다

권금성 내려오는 길
사람들이 모여 서서
지금껏 그 다람쥐에게 먹을 걸 주고 있다
입에 가득 넣고 연신 씹어 대면서
배는 오래전에 불러서 넘친 것을
아는 건지 모르는 건지
종일토록 한가지로 먹기만 한다

구조대

20년 전 미국 스키장
초보자 슬로프에서
이리저리 넘어지며
스키를 배웠는데
화려한 내 스키복 뒤에
무늬처럼 새겨져 있던
큼지막한 글씨
나중에 다시 보았더니
Rescue Team (구조대)

20년 세월 흘러간 지금껏
초보자 주제에
구조대 옷을 입고
세상 앞에 나섰던 적은 없었나
내게 가만 묻는다
오늘 하루 더 나이를 먹으며
염치를 모르고 등 뒤에
구조대라고 써 놓지는 않았나
내게 다시 묻는다

뉴욕에서

뉴욕에서 만난 택시 운전사
후줄근한 재킷에 터번을 두르고
인도에서 뉴욕에 건너온 것은
그의 긴 수염만큼 길었던
삼십 년 세월 저편 끝

새벽 한 시
JFK 공항을 날아오른 비행기는
캄캄한 하늘을 그 세월 동안 홀로 깨어
하루도 쉬지 않고 지구의 반을 돌아
뉴욕에서 서울을 오고 갔지만

인도에서 태어나 뉴욕에 살던 그와
한국에서 살다가 뉴욕에 들른 나는
오늘에야 마침내 세상 첫 만남과
마지막 헤어짐을 가졌는데

내가 지니고 있던 지폐 몇 장

그의 늙은 아내가 차린 저녁 식탁
또 하루를 위한
고단한 빵으로 구워졌을 것이다

낙엽

햇살을 더 많이
가졌든 아니든
바람이 더 오래
머물렀든 아니든
빗방울에 내던 소리가
더 요란했든 아니든
그 누가 기억할까
땅 위에 구르는
낙엽,
낙엽일 뿐

가을이 깊어도

가을이 깊어도
붉게 물들 줄 모르면
파란 하늘 깊어진 날
흙 위에 곱게 지는
낙엽 한 잎 되지 못합니다

가을이 깊어도
땡감 떫은 속살
단맛 들 줄 모르면
가지 끝에 남겨져도
까치 밥 하나 되지 못합니다

풍경風磬

가끔씩
전에 살던 집 앞을 지나갈 때
밖에서도 들여다보이는 현관 입구에
풍경 하나 지금도 매달려 있다

미국 뉴햄프셔 시골 작은 공방
어느 장인의 손끝에서 태어나
이삿짐 밑바닥에서 숨을 죽이고
수개월 배 타고 태평양을 건너와

내가 한국에 돌아와 여기저기 헤매다
마당 있는 집으로 이사 왔을 때
보란 듯이 기지개 켜며
현관 앞에 처음으로 내다 걸렸던

산국화 향 은은하던 달 밝던 밤에
청량한 고운 소리로 한식구임을 알리던
미국에서 태어났으나 네 무슨 운명으로

이토록 멀리 한국까지 오게 되었을까

지금 살고 있는 집으로 이사 나올 때에
정신없이 미처 데리고 오지 못해
오늘처럼 뼈 시리게 찬바람 부는 날
저 홀로 떨면서 울고 있을 풍경

응급실 앞 은행나무

서울대병원 응급실 앞에
아름드리 큰 줄기
세월 잊은 은행나무
표정 없는 돌탑처럼
묵묵하게 서 있다

의과대학을 다닐 적부터
초로의 의사로 돌아온 지금껏
붉은 십자 앞으로 넘치던 아픔들이
산처럼 쌓여
강으로 흘렀어도

한밤을 앵앵거리며
실려 오고 실려 나간
수많은 환자들의 제각각 사연을
네 어찌 모두
기억할 수 있으리

내가 세상에 오기 전에 생겨나
내가 세상을 떠나간 후에도
장승처럼 그 자리에 우뚝 서 있을
백 살도 훌쩍 넘긴
응급실 앞 은행나무

그 세월 내내 날려 보낸 은행잎보다
더 많은 삶과 죽음 지켜보았던
오랜 풍상 늙어 간 네 몸에
봄이면 연둣빛 새살
거짓말처럼 다시 돋는다

등산지팡이

등산지팡이가 망가졌다
적지 않은 세월
내 무릎의 짐을
나누어 지던 친구가
결국은 병이 났다
산에 갈 때마다
나보다 한발 앞서서
힘차게 산을 내딛던 친구가
기어이 쓰러진 것이다
오랜 시간 북한산을
함께 오르며 힘들었던 기억 때문에
편히 쉬라고 집에 두고 나왔지만
산에 가지도 못하고
부러진 채 잊혀 가는 그가
오히려 마음을 아프게 했다
무엇이 그를 살릴 수 있을까
그와의 인연을 끊지 못하고
작은 정에 이끌려 내치지 못한다면

눈에 띄지 않는 집구석에서
그는 영구히 불구로 남을 것이다
나는 오늘 단호히 그를 죽일 것이다
그리하여 어느 용광로 속에서
온전히 녹아 그의 목숨이 사라질 때
튼튼한 새 등산지팡이로
다시 태어날 것이다

눈 오는 날 아침엔

눈 오는 날 아침엔
북한산 굽은 소나무 가지 끝
가는 솔잎 위에 내려앉는
눈송이 하나 무게만큼
내 마음 하얗게 비워 내고 싶다
눈 오는 날 아침엔
로버트 프로스트의 가지 않은 길을 찾아
그 길을 덮은 낙엽 위에 내리는
아무도 밟지 않은 첫눈이 되고 싶다
눈 오는 날 아침엔
크리스마스카드 속 그림 같은 동네
버몬트* 작은 시골 마을에 가서
세월 겹겹 내려앉은 종탑 꼭대기에 올라
맑은 아침 기도로 울리고 싶다
눈 오는 날 아침엔
한라산 키 큰 삼나무 숲으로 달려가
바다가 보이는 산 아래 마을에
종일토록 펑펑 함박눈이 내려

올망졸망 지붕들이 눈에 덮이면
그 사이로 몽긋몽긋 피어오르는
밥 짓는 저녁연기가 되어 보고 싶다

* 미국 동북부 뉴잉글랜드 지방에 있는 주.

대나무

한식구였던 대나무
지난겨울 혹한에
얼어 죽었다
따뜻한 이불 속에서
무심하게 잠든 사이
얼음처럼 굳은 땅속에
두발을 묻어 놓고
이파리는 칼바람에
피할 곳도 없었구나
숨 멎던 마지막 순간에
네 무슨 생각했을까
빼꼼히 세상 밖으로 가는 눈을 뜨던
어느 오월 시린 하늘을 떠올렸을까
맹렬하게 퍼붓던 소낙비를 뚫고
나날이 커 갔던 푸른 꿈을 보았을까
댓잎 사이로 어른거리던
적막한 달빛을 그렸을까
얼어붙은 대지는

네 목 적셔 줄 물 한 방울 남기지 못해
얼마나 목말랐을까
얼마나 추웠을까
누렇게 말라붙은 댓잎 하나
이 세상을 떠나면서
내게 남긴 네 마지막 신음이구나

작품 해설

생명 사랑과 인간 회복의 길

김 재 홍
(문학평론가 · 경희대 명예교수)

1. 시인의 가슴, 의사의 두뇌

그렇다! 정의홍의 시는 문단 관습상 아직 신진 시인의 범주에 속하지만 내공은 이미 무르익어 충분히 중견 시인의 그것으로 숙성돼 있는 것으로 판단된다.

'할아버지 하루에도 열두 번 확대경으로 여기저기 들여다보며 행여 머리가 삐뚤어질까 반듯이 눕히고 또 눕혀 빨래판처럼 납작해진 머리 하나 믿고 겁 모르고 살아온 약국 댁 장손, 손 귀한 집 장손' 으로서 시인은 어느새 이순耳順의 나이를 바라보고 있다. 할아버지처럼 심지가 곧고 서슬 퍼런 대쪽 혼을 빼다박지는 못했어도, 그래도 그 되기 어렵다는 서울대 의대, 하버드대 출신의 일류 의사가 되었으니 약국 댁 장손은 나름대로 할아버지의 부끄러운 손자는 아닌 셈이다. 더군다나 이제 시를 쓰는 사람, 시혼을 함께 지닌 시인도 되어 할아버지를 추억하며 지나온 시간을 문학적으로 돌아보며 형상화하고 있으니 그만하면 훌륭한 인간으로 성장한 모습이라고 하겠다.

흘러간 물로 물레방아를 돌릴 수 없다고 하지 않는가. 가버린 시간이 시인에게 무슨 의미가 있을까마는 그의 시 속에 등장하는 할아버지와 가족들은 오늘에도 여전히 살아서 그를 채찍하며 그의 삶을 달려가게 하고 있다.

이렇게 볼 때 그의 시 속에 추진력으로 지속적으로 작용하고 있는 과거적 상상력은 흘러간 물이 아니다. 아직도 그의 정신의 물줄기는 줄기차게 시인의 가슴, 의사의 두뇌를 지니면서 시와 세상을 내달리고 있는 셈이다. 지난해 『시와시학』으로 등단한 후 첫 시집이자 통산 세 번째 시집을 펴내는 정의홍 시인을 격려하고 정진을 기대하는 뜻으로 그의 시세계를 살펴보고자 한다.

2. 과거적 상상력과 소멸의 시학을 위하여

그의 시 전반을 지배하는 정신의 추진력은 상상력이다. 과거 속으로 마음의 자리를 옮겨 현재를 살고 있으며 미래를 꿈꾸고 있다. 과거 속에는 고향 강릉과 할아버지가 살아 있고, 아버지, 병약했던 어머니가 함께 살고 있다. 또한 손 귀한 집 장손이 영리한 어린 시절의 눈을 뜨고 온 가족의 관심 속에 둘러싸여 살아간다. 한마디로 말해서 아직도 행복한 유년 시절을 보내고 있다는 뜻이 되겠다.

과거를 뒤돌아볼 때면 인간은 한없이 착해지고 유순해진다. 폭풍처럼 회오리치던 분노도 슬픔도 후회도 미련도 모두 과거라는 용광로 속을 거쳐 나오면 아름다운 추억의 공간으로 자리 잡게 되고 오늘을 살아가게 하는 선한 동력으로 작용하게 되는 것이다. 그래서 살면서 사랑을 많이 받아 온 사람이 남에게도 사랑을 베풀 줄 안다 하지 않던가. 그의 시에 유독 생명에 대한, 인생에 대한 근본적인 탐구 자세와 깊이 있는 이해와 연민, 사랑의 감정이 풍부하게 녹아 있는 것도 다 그 때문이 아닌가 여겨진다. 또한 그의 시에서는 그것과 더불어 냉철한 이성과 지성이 시의 내면과 밀도를 단단하게 하는 견인력으로 작용하고 있으며 따라서 감정의 절제가 견고하게 지속되고 있다.

한식구였던 대나무
지난겨울 혹한에
얼어 죽었다
따뜻한 이불 속에서
무심하게 잠든 사이
얼음처럼 굳은 땅속에

두발을 묻어 놓고
이파리는 칼바람에
피할 곳도 없었구나
숨 멎던 마지막 순간에
네 무슨 생각했을까
빼꼼히 세상 밖으로 가는 눈을 뜨던
어느 오월 시린 하늘을 떠올렸을까
맹렬하게 퍼붓던 소낙비를 뚫고
나날이 커 갔던 푸른 꿈을 보았을까
댓잎 사이로 어른거리던
적막한 달빛을 그렸을까
얼어붙은 대지는
네 목 적셔 줄 물 한 방울 남기지 못해
얼마나 목말랐을까
얼마나 추웠을까
누렇게 말라붙은 댓잎 하나
이 세상을 떠나면서
내게 남긴 네 마지막 신음이구나

—「대나무」 전문

언제나 겨울은 유난히도 어둡고 춥다. 여기저기 지인들에게서 날아드는 부고장이 유독 추운 겨울을 실감나게 해 준다. 그러니 눈비 가릴 옷 하나 걸치지 않고 노박이로 서서 북풍한설을 맞아야 하는 나무들, 더군다나 혹한에도 푸름을 간직하고 있는 대나무는 오죽 혹독한 내면을 견뎌 왔겠는가?

새순 돋는 이른 봄에 이르러, 푸릇한 죽순 틔우지 못하고 얼어 죽은 대나무를 바라보며 그는 제문처럼 시를 쓰고 애통해하며 생명에 대한 연민의 정을 드러내는 것과 함께 죽어 가는 생명들에게 조문하고 있다. 사실 우리 주변에는 새봄이 돌아와도 새순 하나 꽃잎 한 번 제대로 피우지 못하고 목숨 끊어져 사라져 가는 그런 생명들, 영혼들이 얼마나 많은가? 영하 10~20도를 넘나드는 한겨울, 문 닫힌 지하철 역 앞에 웅크리고 언잠을 자는 노숙자들, 아이에게 먹일 분유값이 없어 남의 집 앞에 갓난아이를 버리고 간 미혼모가 맞이했을 크리스마스이브의 밤, 하루 종일 몇 그릇 팔리지 않은 밥그릇 숫자를 세며 혹시나 손님이 더 있을까 자정 넘어서까지 가게 문을 닫지 못하는 밥집 아저씨들을 떠올리는 것이다.

그는 '이들이 보내야 했던 겨울이 얼마나 혹독했을까?' '그들도 살아남아 햇살 영글어 가는 이 봄을 맞이하고 있을까?' 생명에 대한 가여운 연민의 마음으로 생명에 대한 긍휼한 연민과 동정을 보내고 있는 것이다. 누구에게나 오는 새봄이 아득히 멀게만 느껴지는 사람들의 겨울나기를 그는 얼어 죽은 대나무를 보며 감정이입하고 있는 것이다. 대나무는 눈보라 휘몰아치는 생의 한겨울에 서서 오월의 시린 하늘을 그리워한다. 그러나 삶의 겨울 속에는 마른 물줄기 하나 남아 있지 않은 속에서 대나무는 끝내 말라 죽고 만다.

그는 분명 겨울 대나무의 인생을 살아왔거나 살아가고 있는 사람은 아니다. 그러나 시인은 그들의 소외된 삶과 얼어붙은 꿈을 안타깝게 연민하고 동정하며 살아간다. 그의 이러한 생명에 대한 깊이 있는 이해와 연민으로서 생명 사랑의 마음은 감정의 늪에만 빠져 있기를 거부하고 냉철한 이성과 지성적 깨달음을 지향한다.

등산지팡이가 망가졌다
적지 않은 세월
내 무릎의 짐을
나누어 지던 친구가
결국은 병이 났다
산에 갈 때마다
나보다 한발 앞서서
힘차게 산을 내딛던 친구가
기어이 쓰러진 것이다
오랜 시간 북한산을
함께 오르며 힘들었던 기억 때문에
편히 쉬라고 집에 두고 나왔지만
산에 가지도 못하고
부러진 채 잊혀 가는 그가
오히려 마음을 아프게 했다
무엇이 그를 살릴 수 있을까
그와의 인연을 끊지 못하고
작은 정에 이끌려 내치지 못한다면
눈에 띄지 않는 집구석에서
그는 영구히 불구로 남을 것이다
나는 오늘 단호히 그를 죽일 것이다
그리하여 어느 용광로 속에서
온전히 녹아 그의 목숨이 사라질 때
튼튼한 새 등산지팡이로

다시 태어날 것이다

—「등산지팡이」 전문

이 시에는 사라져 가는 것들에 대한 동정과 연민을 넘어서는 시인의 냉철한 이성과 예리한 지성이 돋보이는 풍경이 제시되어 있다. 작은 정에 이끌려 나약해지려는 센티멘털리즘을 단호히 떨쳐 버리고 어느 것이 진정으로 그것들을 위하는 길인지 이성과 합리적 이유에 근거하여 단호한 결단을 내리고 있는 것이다. 오늘 죽어야 내일 다시 튼튼한 새 지팡이로 태어날 수 있다는 냉철하면서도 합리적인 사고를 바탕으로 새로운 미래를 제시해 주는 예언자적 지성을 보여 주고 있다는 뜻이 되겠다. 영구히 불구의 상태로 남아 거치적거릴 지팡이를 위해 과단성 있게 버리기로 결론을 낸 것은 의사라는 그의 직업과도 관련이 있어 보인다.

환자들의 상처를 치료할 때 다른 건강한 세포로 병균이 전이되는 것을 막기 위해서 병든 부분을 말끔히 도려낼 것인지 아니면 그대로 둔 채 미봉적인 치료를 할 것인지, 의사들이라면 이와 같은 결단을 내려야만 하는 상황을 수없이 겪어 왔을 것이다. 이때 의사가 어떤 결정을 내리느냐에 따라 환자의 삶이 엄청나게 달라질 수도 있다는 것을 그는 명확히 인식한다. 그러기에 그는 감성적인 시인의 가슴을 밀쳐 둔 채 의사의 머리로 돌아가 사물을 냉철하게 바라본다. 이 점에서 그의 시심은 독자들에게 신뢰성을 획득한다. 사변적이고 지극히 사적인 내용을 일반화로 견인해 내는 지적 절제 능력이 고도의 생

철학적 사유로 상승돼 있다는 점에서 앞으로 우리는 그의 시가 어떻게 전개되어 나갈지를 예감해 볼 수 있음은 물론이다.

3. 자기 성찰의 시, 존재론의 시

'나는 왜 시를 쓰는가?' '나에게 시란 과연 무엇인가?' 시를 쓰는 사람이라면 매 순간 이런 물음들과 맞닥뜨리지 않을 수 없다. 이 물음에 대한 답은 사람과 그가 처한 상황에 따라 달라진다. 그러나 공통적으로 도출해 낼 수 있는 하나의 대답은 자아 성찰과 자신의 존재를 증명하고픈 욕구 때문이라 말해 볼 수 있으리라. 다시 말해서 나는 누구이며 무엇을 위해 살고 있는가? 나는 앞으로 얼마나 더 이 세상에 머물 수 있으며, 어떤 모습으로 언제 정든 지상을, 사람들을 떠나가게 될 것인가? 이러한 생로병사의 고뇌 속에서 자유로울 수 있는 사람은 아무도 없다. 누구나 건강하게 오래 살고 싶은 것이 인류 공통의 간절한 바람이기 때문이다. 그러나 어디 그것이 마음대로 되는 일인가? 개인의 종말은 예고 없이 찾아올 때가 많으며, 병고와 노쇠, 죽음은 사람을 차별하여 찾아오는 것이 아니다. 생로병사, 고독한 실존과 허무 그리고 불안과 불행 앞에서, 운명 앞에서 인간은 누구나 평등하다는 뜻이다. 목숨 가진 것들의 몸 안에는 생명과 무덤이 동시에 존재하기 때문이다.

정 시인은 인간 육신의 병을 진단하고 치료하는 일을 직업으로 하는 의사다. 그러기에 그의 시편들은 인간의 삶과 죽음이라는 구원적인 문제에 대해 더욱 민감하게 반응한다.

예수님 말씀을 굳이 빌리지 않더라도
나는 분명히 말할 수 있다
우리가 죽어 천국에 갔을 때
천국에 있는 아파트에서
가장 넓고 전망 좋은 로열층에는
이 땅에서 병들고 가난했으나
그 누구도 원망 않고
착하고 아름답게 살았던 분들이 살게 될 것이라고

예수님 말씀을 굳이 빌리지 않더라도
나는 분명히 말할 수 있다
이웃에 화내고 속이고 상처를 주거나
대충대충 보통의 속된 삶을 살았다 해도
이 땅에서의 나날이 너무 고통스러웠다면
각자의 죄에 따른 얼마간의 방세는 내겠지만
그들 역시 천국아파트에 입주할 수 있을 것이라고

춥거나 덥거나 일 년 삼백육십오일
힘들고 거친 일 허리 휘어질 때까지 일해도
먹고사는 일조차 만만치 않은 분들에게
조금 더 배웠다고 선생님 소리 들으며
조금 더 배부르고 더 편히 산다는 게
때로는 민망하기도 송구스럽기도 하다
내가 죽어 행여 바늘귀를 통과하여

천국 근처를 얼씬거리게 된다면
천국아파트 지하층에 들어갈 자격은 있는 것일까
한 줄 햇살이 호사스러운 지하층에

—「천국아파트」 전문

백석이나 윤동주의 외로운 시혼을 떠올리게 하는 이 시 한 편으로 우리는 평소에 그가 무슨 생각을 하며 어떤 태도로 삶을 살아가고 있는지 짐작해 볼 수 있다. 그는 살아서 병들고 가난했으나 착하고 아름답게 살고자 노력했던 분들이 천국아파트에 입주해 영생을 누리며 살 것이라 믿고 위로한다. 마치 "하늘이 이 세상을 내일 적에 그가 가장 귀해하고 사랑하는 것들은 모두/ 가난하고 외롭고 높고 쓸쓸하니 그리고 언제나 넘치는 사랑과 슬픔 속에 살도록 만드신 것이다"라는 백석의 시구처럼 말이다. 또 대충대충 속된 삶을 살았다 해도 이 땅에서의 나날이 힘겹고 고통스러웠다면 천국아파트에 입주할 자격이 있다고 보통 인간들의 삶을 긍정하고 옹호하는 게 특징이다. 바로 이러한 연민과 위로를 주는 것이 종교의 주요 역할이라 하겠지만 의사 시인으로서 오히려 그는 종교의 한 대체물로써 시를 통해 병들고 가난하고, 이 세상 어디에서도 위로받을 수 없는 영혼들을 위무하고 구원하는 종교적 역할까지 하고 있는 것이다.

가톨릭 신자인 그의 이력으로 본다면 그의 이러한 생명 사랑, 인간 사랑의 정신은 자연스러운 일임이 분명하다. 좀 더 배부르고 좀 더 편한 생활을 하는 이기적 모습의 자신을 자랑

하기보다는 오히려 그러한 자신을 늘 부끄러워하고 죄송스러워하며 자신에 대한 반성적 사유를 전개한다. 행여 바늘귀를 통과하여 천국 근처를 얼씬거리게 된다면 한 줄 햇살이 호사스러운 천국아파트 지하층에 들어갈 자격이라도 얻을 수 있을까라며 겸손해하는 것이다. 부끄러움을 아는 마음, 괴로워할 줄 아는 양심의 소유자로서 시인, 그래서 세상에 가장 죄없는 자로서 시인의 본분과 사명을 분명히 인식하고 있는 것이다. 겸손하게 다른 사람을 배려하고 이해하며 사랑하려는 마음, 그것이 바로 그가 지향해 가기를 바라는, 가슴속에 시를 품고 살아가는 사람, 시인들의 참모습인 것이다.

그러기에 그는 언제나 사물을 좀 더 깊이 있게 들여다볼 줄 아는 내성內省의 안목, 깊이의 정신을 지향한다.

억 겹의 침묵 속에
억겁의 침묵을 숨겼다
얼마나 많은 계절과 눈바람이
얼마나 많은 달빛과 별들이
네 속에 들어가 박혔나
네 기억의 깊은 바닥에는
어슬렁거리던 공룡들과
땅에서 솟던 불기둥도
화석처럼 새겨져 있을 것이다
흘러온 겁劫의 시간도
네 앞에선 잠시의
머무름일 뿐인데

오늘 봄바람 불어 네 곁에
여린 꽃 한 송이 피어났구나
아득한 날 저편
그 얼마만의 만남이던가

—「바위」 전문

길을 가다가 혹은 산을 오르내리면서 제법 큼직한 바위나 나무를 만나면 우리는 어떤 생각을 하게 되는가? 잠시 걷던 길을 멈추고 쉬어 가고 싶어지지는 않겠는가? 부지불식간에 그 듬직한 너럭바위 품에 안겨 긴 인생 여정에서의 피로를 위로받고 싶어 하지 않을까. 잠시도 쉬지 않고 흔들리고 변화하는 우리네 인생과는 달리 언제나 수만 년 묵묵히 거기 그대로 있기에 위안과 안도감을 느끼면서 말이다.

예로부터 우리 조상들은 커다란 바위나 나무에는 정령이 깃들어 살고 있다고 믿고 그에 소원을 빌기도 하고, 신성시 여겨 숭배의 대상으로 삼기도 하지 않았던가. 온갖 풍상의 세월을 가슴에 품고도 묵묵히 침묵하며 한자리에서 종생하는 나무나 바위에 견주면, 불과 100년도 그 연수를 채우지 못하고 소멸의 길을 걸어가는 죽음은 존재seinzumtod, 유한자인 우리 인간은 그 얼마나 가소로운가? 그러면서도 바위는 해와 달, 비와 눈, 그리고 땅을 치받치고 올라온 불덩어리, 기억의 밑바닥을 어슬렁거리고 있는 그 어떤 생명체까지도 평등하게 바라보고 대한다.

그런 면에서 정 시인은 그러한 사물들을 생명의 근원적인 한 표상으로 보고 있는 듯하다. 또한 그의 시선은 그러한 사물의 현상에 머물러 국한되어 있지도 않다. 과거에서 현재, 그리고 미래에 이르기까지 시공을 초월할 뿐만 아니라, 사물의 생성과 소멸 그 너머서까지 영원을 유추해 바라보는 망원경과 현미경적 혜안을 동시에 발휘한다. 바위의 무늬결 뒤에 서려 있는 눈보라치는 어느 밤의 바람 소리, 빗방울 한 점까지 쉽게 지나치지 않는 그의 섬세한 정신과 상상력의 그물이 그의 시에 있어서의 진전을 짐작하고 기대하게 해 준다. 아득한 날 저편 억겁의 시간 속에 한 송이 시의 꽃으로 피어나고자 하는 불멸의 꿈속에서 그가 시를 쓰는 근원적 이유를 찾아보아도 될 것이라는 뜻이다.

4. 식물 상상력과 광물적 상상력의 길

철학자 하이데거는 인간을 '세상에 내던져진 존재Geworfenheit'라고 말한다. 근원을 알 수 없는 어디선가 생명의 씨앗 하나 날아와 잠시 물 위에 파문을 일으키고 뿌리를 내리다가 어딘가로 사라지고 마는 것처럼 인간의 삶 역시 그렇다 여긴다. 그러니 더 잘났다고 으쓱해할 이유도 좀 못 났다고 주눅 들어 살 필요도 없다는 뜻이다. 누구의 아들로 태어나고 싶다고 해서 누구의 아들이 될 수 있는 것도 아니고, 아름답고 두뇌가 뛰어난 사람으로 태어나고 싶다고 해서 그렇게 되는 것도 아니지 않은가.

내가 그저 지금 이 순간 여기에 확실히 존재한다는 엄연한 실존적 사실, 그것만이 분명할 뿐 나의 영원성을 확신할 수 있는 것은 아무것도 없다. 근원을 알 수 없으니 미래의 모습 또한 현재에 근거하여 추측할 뿐, 한 치 앞을 모르는 불안하고 위태로운 실존의 삶을 살아가는 것이 인간의 안타까운 존재 양상일 뿐이다. 따라서 시인은 실존적 불안 속에서 살아가고 있는 인간의 근원적 존재 문제를 지속적으로 탐구한다.

> 큰 바위 갈라진 틈에
> 진달래가 피었다
> 온 산 여기저기 다 놓아 두고
> 흙 한 줌 물 한 방울 없는 곳에
> 마음의 날 퍼렇게 세워 놓고
> 스스로를 한평생
> 고난 속에 가두었다
> 오직 님만을 바라는
> 묵언의 기도를 키우기 위해
> 큰 바위 갈라진 틈에
> 기어이 뿌리를 내렸다
>
> —「바위에 핀 진달래—봉쇄수도원에서」 전문

이 시에서는 광물적 상상력과 함께 식물적 상상력이 대구를 이루며 나타나서 관심을 환기한다. 다시 말해서 현실 표상으로서 차디찬 광물 상상력과 생명 표상으로서 사물 상상력이 대조되어 나타남으로써 현대문명 속을 가냘프지만 힘차게 뿌리내리고 살아가는 생명성을 강조하고 있는 것이다.

우리 인생이라고 저들 꽃들의 한 생애와 무엇이 다르겠는가? 그러나 비록 하룻밤의 꽃으로 피었다 새벽이 오면 사라지는 별과 같은 고독하고 허무한 생명일지라도 살아 있는 동안 그 목숨을 건강하게 키워 나가고자 하는 것이 모든 생명 있는 것들의 어찌할 수 없는 본성이자 근원적 욕망이다. 어찌 보면 그러한 본성과 욕망이 있기에 이 지구는 아직까지 우주에서 가장 아름다운 별로 반짝이고 있는 것이 아니겠는가. 이 시에서 진달래는 산의 어느 곳이든 뿌리 내릴 수 있는데 여기저기 모두 다 두고 하필 흙 한 줌, 물 한 방울 아쉬운 바위틈에 뿌리를 내리고 있다. 진달래는 곧 자신의 의지와는 상관없이 던져진 존재로 주어진 운명을 살고 있는 것이다. 모든 생명체는 운명의 존재이면서 동시에 선택, 즉 자유의 존재라는 인간의 현상과 본질을 꿰뚫어 보고 있는 것이다.

그러나 내던져진 존재라고 해서 아무렇게나 살아도 된다는 말인가? 아니다! 그렇지 않다. 내던져진 존재이지만 모든 생명은 자유로운 존재이고 주체적 존재이기에 자신의 생명을 자발적, 자율적으로 가꾸어 간다. 진달래는 "마음의 날 퍼렇게 세워 놓고/ 스스로를 한평생/ 고난 속에 가두"어 두고 오직 님만을 바라며 묵언의 기도를 키우기 위해 큰 바위틈에 뿌리를 내리며 살아가고자 몸부림친다. 비록 운명적 존재이지만 결코 생명의 주체성과 자율성, 자유의지를 버리지 않고 살아간다는 뜻이다. 인간에게 자유의지가 있다는 것, 바로 그러한 자발성과 주체성, 그리고 자율성의 원리가 인간을 다른 동

물과 구별되게 하는 근원적 요소라는 것은 두말할 필요도 없다. 이런 점에서 위의 시는 인간의 강인한 생명의지와 자율성의 원리를 광물적 상상력과 생명력으로 형상화한 작품이라는 점에서 돋보인다.

광물적 상상력이 더욱 두드러지게 나타나는 다른 시 한 편을 보자.

북한산 오르는 길에
이제는 반들반들해진 바위 하나
산을 오르는 모든 이의 거친 숨을
으샤! 발바닥을 받치며
단단한 디딤이 되었지만
그 누구도 기억 못한다. 그곳에
그의 발 딛게 한 바위 있었다는 걸

북한산 등산로
오랜 세월 밟히느라
모 닳은 너럭바위
사람들에게 제 등을 내주어
험한 산을 넘게 한 게
자신인 줄도 모르고, 저는
그냥 얼굴 없는 돌인 줄 안다

—「북한산 바위」 전문

그의 시는 어떤 고등 종교의 체취를 하나도 풍기지 않으면서 종교적 경건성과 희생정신을 바탕으로 형성되고 전개돼

가고 있음을 볼 수 있다. “산을 오르는 모든 이의 거친 숨을/ 으샤! 발바닥을 받치며”라거나 “오랜 세월 밟히느라/ 모 닳은 너럭바위/ 사람들에게 제 등을 내주어/ 험한 산을 넘게 한”과 같은 구절에서처럼 타인을 위해 자신을 희생하는 사랑의 실천자로서 사람들의 모습, 종교인들의 모습이 겹쳐진다. 마더 테레사나, 아프리카의 성자 이태석 신부 의사의 모습도 겹쳐 떠오른다. 그의 의식세계를 지배하고 있는 중요한 가치축을 엿볼 수 있다는 점에서 이 시는 의미가 크다. ‘사람에게 제 등을 내주어 무사히 험한 산을 넘게 하고도 자신이 한 일인 줄 모른다’는 구절은 “오른손이 하는 일을 왼손이 모르게 하라”는 『성경』의 한 구절을 그대로 옮겨 놓은 것 같다. 개인의 소극적인 영혼 구원에 몰두하는 종교인의 모습이 아니라 타인을 향해 사회와 역사에 도움의 손길을 뻗고 있는 실천적이고 희생적인, 살아 움직이는 참종교인의 모습을 그는 등산로에 있는 바위를 통해 형상해 내고 있는 것이다. 목소리 높여 크게 고함치지 않으면서도 그 속 깊은 울림의 파장은 분명 조용히 멀리 울려 퍼지고 있음을 확인할 수 있는 것이다.

5. 휴머니즘과 인간 회복의 길

또한 그의 시에는 약한 것, 슬픈 것, 그늘진 생명들, 고통 받는 사람들로서 이 시대의 방외인들, 즉 소외자outsider들에 대한 연민과 동정, 안타까움의 심정이 강하게 드러나 있다.

가진 자들이 허영으로 걸치고 있는 감정의 사치 또는 장식으로서가 아니라 진심으로 아파하고 위로하고자 하는 진실한 인간애에 바탕을 둔 생명 사랑 정신이 강하게 오버랩되고 있다는 말이다.

산동네에 사시는
허리가 반으로 접힌 구십 할머니
어렵게 눈 수술을 해드렸는데
함께 오신 보호자 할아버지
눈이 어떠신가 검사해 보니
녹내장에 백내장에
할머니 눈보다 훨씬 나빠서
세상으로 열린 창이
거의 닫힐 지경이다
좀 보이시느냐고 물었더니
나는 아직 잘 봅니더
우리 할멈 수술 잘해서 꼭 좀 보게 해 주이소
할머니 손을 꼬옥 잡고 나가시는데
할머니가 넘어지실까 손잡으신 건지
당신이 넘어지실까 꼬옥 잡으신 건지
산동네에 핀 사랑 꽃은
세월 가도 시들지 않네

—「산동네 사람들 · 1」 전문

세월이 허리에 걸려
구부정하게 등 굽은 할머니
키보다 더 큰 폐지 묶음을 끌고

건널목을 건너는데
빨간 신호로 바뀐 지 오래건만
아직 반도 못 건넜다
위태위태하다

일 킬로에 백사십 원
십 킬로에 천사백 원
시장 안 강화식당 된장백반은 오천 원
저녁밥값은 벌었는지
커다란 폐지 묶음에 끌려가는 할머니
오늘 하루 해 떨어지는 것이
아슬아슬하다

—「저물녘」 전문

인간회복의 길이란 무엇이겠는가? 바로 위의 시에서처럼 외롭고 소외된 삶을 살아가면서도 서로를 아껴 주고 운명을 이해하고 배려하는 사랑의 마음, 연민하는 마음이 흘러넘칠 때 그가 시를 통해 이루고자 하는 인간 회복의 꿈, 지상의 유토피아는 이루어지는 것이 아니겠는가?

이처럼 시인의 시선과 정신이 늘 병든 자, 소외된 자, 고통받는 사람들을 향해 열려 있다는 것은 시 「저물녘」에서도 확연히 드러난다. 몸의 몇 배보다 더 큰 폐지 더미를 팔아도 고작 손에 쥐는 것은 한 끼 식사 값도 제대로 못되는 단돈 몇천 원에 불과하다. 그래도 그 일이 아니면 천 원짜리 한 장 들어올 데 없는 소외된 이들의 아픈 현실을 그는 깊은 연민과 공감의 심정으로 바라본다. 의사의 권위적이고 냉철한 시선이 아니라 시인의 따스한 가슴으로 들여다본 이 세상에는 오늘 하루해 떨어지는 것이, 그 속에서 살아남는 것이 아슬아슬한, 생존 그 자체가 위태로운 폐지 줍는 할머니가 있고, 소외된 사람들이 넘쳐난다. 자신의 눈이 닫혀 가는 것보다 아내의 눈이 잘 안 보이는 것을 더 안타까워하는 남편의 따뜻한 사랑이 외롭게 넘실거리고 있는 것이다. 그의 앵글에 비친 세상은 가난하고 눈물겹지만 그래도 희망이 있어 높은 것으로 고양돼 보인다. 어디선가 눈물 머금고 이들을 지켜보며 안타까워하는 그와 같은 휴머니즘으로 열린 길, 시인의 마음이 근원적으로 자리하고 있기 때문이리라.

6. 맺음말 – 시인의 혼, 의사의 정신을 향하여

정의홍 시인은 이번 시집을 계기로 그를 지배하고 있던 개인사적인 과거의 실루엣을 섬세하게 응시하고 성찰하면서도 일정 부분 그러한 감상주의적 태도에서 한걸음 물러나 그것을 보편적인 삶의 모습으로 상승시키는 관심과 노력을 보여준다. 특히 그의 성장기에 많은 영향을 끼친 조부, 부친, 그리고 어머니에 대한 그리움과 연민의 기억들을 시를 통해 풀어내면서 자기 성찰을 전개하고 더 깊이 있는 삶, 인간적인, 너무나 인간적인 삶을 지향하고 있는 것이다. 말하자면 지난날의 삶을 고해성사하면서 바람직한 삶의 길, 휴머니즘의 길을 모색하고 있는 것이다. 그런 점에서 이번 시집은 하나의 고백

성사이고 새로운 삶과 시에 대한 각오와 다짐의 비망록으로서의 성격을 지닌다.

이번 시집으로 시인은 개인사적인 한풀이의 시적 통과제의 과정을 통과한 셈이다. 앞으로 그는 옛날 고향 집의 기억에 갇혀 웅크리고 있던 약국 댁 장손의 자리를 과감히 박차고 나와 그가 바라는 진정한 생명 사랑, 인간 회복의 길을 위해 시인으로서의 역할을 충실히 해 나아갈 것으로 기대된다. 그의 여러 시편들에는 이미 그러한 보편적인 삶으로서의 객관 지향성, 사회적 삶과 인간의 삶을 향한 조짐이 무르익어 가고 있는 것으로 판단되기 때문이다. 달동네 그늘진 사람들의 상처받은 이야기들이 그 단적인 예에 해당한다. 정 시인이 이 땅에 많지 않은 참다운 의사 시인으로서 더욱 냉철한 지성의 정신과 따스한 시인의 가슴을 잘 조화시켜 감으로써 독자적인 시의 세계를 개척해 나아갈 것을 기대하고 희망한다.

시인 정의홍 (의학박사, 안과전문의)

1956년 강원도 강릉에서 태어나 서울의대를 졸업하고 인제의대 백병원에 재직하였다. 1992년 미국으로 건너가 하버드 의대 매사추세츠안이비인후과병원과 스케펜스안연구소에 몸담았으며 2000년 귀국하였다. 2003년 이후 서울에 개원하여 수술과 환자를 보는 틈틈이 시를 쓰고 있으며 2011년 『시와시학』을 통하여 등단하였다. 『홀로가 아니었다면 만나지 못하였을』과 『나는 왜 꽃 피우려 하는 것일까』의 두 권의 시집을 낸 바 있다.

천국아파트

지은이 | 정의홍
펴낸이 | 김재돈
펴낸곳 | 도서출판 시와시학
1판1쇄 | 2013년 4월 20일
출판등록 | 2010년 8월 10일
등록번호 | 제2010-000036호
주소 | 서울 종로구 명륜동1가 42
전화 | 744-0110
FAX | 3672-2674
값 8,000원

ISBN 978-89-94889-51-1 03810